Sabine Langenbach

# 24 x dankbar im Advent

Die Deutsche Bibliothek verzeichnet diese
Publikation in der Deutschen Nationalbibliografie;
detaillierte bibliografische Daten sind im
Internet über www.d-nb.de abrufbar

*Lektorat:* Dr. Thomas Baumann
*Umschlaggestaltung und Satz:*
spoon design, Olaf Johannson
*Umschlagbilder:* AlexMaster,
Sea Wave/shutterstock.com
*Illustrationen Innenteil:* Shutterstock.com

*Herstellung:* Beltz Grafische Betriebe
GmbH, Bad Langensalza


ISBN 978-3-86256-187-2, Bestell-Nummer 590 187



www.neufeld-verlag.de

*Bleiben Sie auf dem Laufenden:*
**newsletter**.neufeld-verlag.de
neufeld-verlag.de/**blog**
**youtube**.com/@neufeldverlag
**facebook**.com/NeufeldVerlag

NEUFELD VERLAG

Sabine Langenbach

# 24 x dankbar im Advent

NEUFELD VERLAG

# Inhalt

Dieses Buch gehört:

# Endlich Advent!

Ich liebe die Wochen vor Weihnachten. Leider ist der Kalender meist recht voll und es gibt so vieles, woran ich denken möchte (nicht muss), sodass die Zeit viel zu schnell vergeht.

Letztes Jahr hatte ich die Hoffnung, dass es anders werden würde! Überraschend konnte ich einige berufliche Termine streichen. Ich freute mich auf einen ruhigen, besinnlichen Advent. Allerdings rauschten auch dieses Mal die Tage nur so an mir vorüber und – zack – war wieder Heiligabend und ich enttäuscht, weil ich den Eindruck hatte, dass ich die Adventszeit nicht so genutzt hatte, wie ich mir das vorgenommen hatte.

Während der Weihnachtsfeiertage wurde mir klar: Die Enttäuschung hat viel von dem Schönen, das ich erlebt hatte, überlagert. Deshalb beschloss ich ganz bewusst, den vergangenen Advent mit der „Brille der Dankbarkeit" zu betrachten.

Sofort fielen mir ganz viele Dinge ein. Zum Beispiel die wohltuenden Begegnungen und Gespräche mit Freunden; dass ich mehrmals bei einer Tasse Tee nur in die flackernden Kerzen geschaut und die Stille genossen habe; das Plätzchenbacken mit den Enkelkindern; das gemütliche Auf-dem-Sofa-Sitzen und Singen mit unserer Tochter Birte. Eigentlich schade, dass ich diese und viele andere „Gott-sei-Dank"-Momente erst im Nachhinein entdeckt habe.

Dieses Jahr soll das anders werden! Ich will mit offenen Augen, Ohren und einem offenen Herzen unterwegs sein und im Advent bewusst auf das achten, wofür ich dankbar sein kann. Das war der Anstoß für dieses Adventskalenderbuch.

In den kommenden Wochen erleben wir gemeinsam eine „Expedition ins Alltagsglück". Denn wissenschaftliche Untersuchungen haben bewiesen: Dankbare Menschen sind glücklicher.

Wir gehen also, wieder im Bild gesprochen, durch den Dschungel des Lebens und wollen das entdecken, wofür wir dankbar sein können, im Advent und darüber hinaus.

Ich wähle das persönliche „Du", weil wir zusammen unterwegs sind. Als deine „Reisebegleiterin" werde ich dir nicht nur von meinen „Gott-sei-Dank"-Momenten berichten. Es geht auch darum, dass du die „Brille der Dankbarkeit" aufsetzt und Momente der Dankbarkeit bewusst wahrnimmst. Dabei sollen dir die Fragen helfen, die ich dir jeden Tag stelle.

Wenn du deine Antwort hier notierst, hast du am 24. Dezember dein persönliches „Gott sei Dank"-Buch in den Händen. Es ist dein Dankbarkeits-Vorrat. Deine Notizen erinnern dich in schweren Zeiten an all das Gute, das du schon erlebt hast und wofür du immer noch dankbar sein kannst.

Die Bilder im Buch sind so gestaltet, dass du sie ausmalen kannst. Das macht nicht nur Spaß, sondern hilft dir, wenn es um dich herum hektisch zugeht, dich auf das Wesentliche zu konzentrieren: Wofür kannst du jetzt „Gott sei Dank“ sagen?

Dann geht sie also los – unsere Expedition ins Alltagsglück!

# 1 Advents-Abenteuer

Ein Bummel durch das weihnachtlich geschmückte schwedische Möbelhaus. Bei den Bilderrahmen mache ich Halt. Ein „Mitbring-Auftrag“. Schnell finde ich die gewünschte Ausführung in der richtigen Größe. Da fällt mein Blick auf ein Ausstellungsstück. Weißer Rahmen, zwei Worte in goldener Schrift: „Adventure awaits“. Auf Deutsch: „Das Abenteuer wartet“.

Ich starre auf die Buchstaben und kann mich nicht losreißen. Mir ist bisher noch nie aufgefallen, dass im englischen Wort „Adventure“ „Advent“ steckt. Dabei ist es doch so offensichtlich. Ich zücke mein Handy, mache ein Foto und hechte hinter meinem Mann her, der schon weitergegangen ist.

Zuhause schaue ich mir das Bild noch einmal an. Dann recherchiere ich ein bisschen im Internet. Advent und Adventure haben ihre sprachlichen Wurzeln in dem lateinischen Begriff *advenire*. Das bedeutet sich nähern, ankommen, eintreffen. Das Wort Abenteuer steht für ein ungewöhnliches, spannendes, prickelndes (auch romantisches), seltsames Erlebnis.

Nichts anderes war der allererste Advent.

Ein Abenteuer.

Für Maria, die ein Kind erwartete, obwohl sie kein Mann angerührt hatte.

Für Josef, ihren Verlobten, der abhauen wollte. Dann machte ihm der Engel klar: Gott hat seine Hand im Spiel! Josef blieb.

Abenteuerlich, dass die schwangere Maria alleine durchs Gebirge lief, um ihre Verwandte Elisabeth zu besuchen.

Und kurz vor der Geburt mussten Josef und Maria mit ihrem dicken Babybauch von Nazareth bis nach Betlehem laufen! Rund hundertdreißig Kilometer. Befehl vom Kaiser! Volkszählung. Drei Wochen auf Tour. Bergauf. Bergab. Kein Wunder: Angekommen in Betlehem, ließ Jesus nicht lange auf sich warten. Erster Schrei im Stall.

Das Abenteuer ging weiter. Jesu Leben lang – und sogar darüber hinaus. Weil er einen Auftrag hatte: Gott und Menschen wieder zusammenzubringen. Er hat den Weg freigemacht von der Erde zum Himmel. Mit dem allerersten Advent fing alles an.

Ich schaue nochmal auf das Foto: „Adventure awaits". Mit dem Bildbearbeitungsprogramm streiche ich das „ure" und plötzlich steht da: „Advent awaits" – also: „Der Advent wartet".

Die Tage vor Weihnachten warten auf mich. Ich will mich einlassen und bereit sein, Neues in alten Traditionen, Texten und Liedern zu entdecken, und dankbar werden für den Erfinder von Advent und Weihnachten.

*Achte auf vertraute Adventsrituale, bekannte Texte und Lieder und nimm alles wahr, als ob du es zum ersten Mal hörst. Wofür wirst du neu dankbar?*

ER
WAR
TUNG

2

## Zu spät

Herz und Schnauze. Seine Berliner Herkunft war auch nach Zeiten im Ausland und der langjährigen Pfarrstelle in Dortmund unüberhörbar. Für mich, den Teenager, der in Berlin aufgewachsen war und jetzt im Ruhrpott lebte, klang das vertraut nach alter Heimat, wenn der Pfarrer im Konfirmandenunterricht über Gott und die Welt erzählte.

Sofort nach der Konfirmation arbeitete ich im Kindergottesdienst mit und durfte plötzlich „Jürgen" zu ihm sagen. Das fiel mir erst schwer, er war für mich eine Respektsperson. Aber durch seine herzliche Art und weil ich von ihm trotz meiner Jugend als vollwertiges Teil des Teams angesehen wurde, ging mir das „Du" schneller von den Lippen als gedacht.

Einige Jahre später, als meine Ausbildung startete, hatte ich leider keine Zeit mehr für die Mitarbeit in der Kirchengemeinde und damit wurde auch der Kontakt zu Jürgen nur noch sporadisch.

Schließlich zog ich weg. Ein paar Jahre später heiratete ich. Pfarrer Jürgen schickte herzliche Grüße. Wir trafen uns nur noch zu traurigen Anlässen: der Beerdigung meiner Mutter und der meiner Großeltern. Danach war dann ganz Funkstille. Ich hatte so viel mit Familie, Radio und

Ehrenamt um die Ohren, dass ich jahrelang gar nicht mehr an meinen alten Konfirmationspfarrer gedacht habe.

Das änderte sich im Mai 2022. Warum, wieso mir Jürgen in den Sinn kam, kann ich gar nicht mehr sagen.

Plötzlich hatte ich das Bedürfnis, mich nach all den Jahren endlich mal bei ihm zu melden und, vor allem, mich dafür zu bedanken, dass er mich als Teenager ernstgenommen und mir etwas zugetraut hatte. Das war extrem wichtig für mein Selbstbewusstsein. Es war die Grundlage für meine weitere Entwicklung – privat und beruflich.

Ich wusste, dass er seit Jahren im Ruhestand war und mit seiner Frau immer noch in Dortmund lebte. Also gab ich seinen Namen bei Google ein und fand – seine Todesanzeige. Er war 2020, im ersten Coronajahr, gestorben. Seine Beerdigung hatte im engsten Familienkreis stattgefunden. Das hat so gar nicht zu dem geselligen Menschen gepasst.

Mir wurde klar: Ich war zu spät! Ich konnte mich nicht mehr bei ihm bedanken. Das hat mich traurig gemacht. Aber es war ja nicht zu ändern.

Daraus habe ich gelernt: Wertschätzung und Dank schiebe ich nicht mehr auf die lange Bank. Heute ist genau der richtige Tag, denjenigen zu danken, die mich im Laufe meines Lebens geprägt haben.

*Welche Menschen haben maßgeblich dazu beigetragen, dass du dich weiterentwickeln konntest? Hast du ihnen schon mal „Danke" dafür gesagt?*

*Da wo es (noch) möglich ist, schreibe ihnen in den nächsten Tagen einen handschriftlichen Gruß oder rufe sie an.*

Heute

3

## Hoffnungslicht

*Menschen kaufen in Notzeiten Kerzen.* Laut Statistik wurde 2022 der höchste Produktionswert seit zwanzig Jahren verzeichnet. Kein Zweifel, dass die Corona-Pandemie dafür verantwortlich war. Aber warum gerade Kerzen? Oliver Stefani, Lichtforscher an der Uni Basel, hat dafür in einem Interview mit der Süddeutschen Zeitung eine einfache Erklärung: „Ich denke, dass in einer Zeit der Unsicherheit all das, was Sicherheit und Geborgenheit vermittelt, von Vorteil ist. Das milde Licht der Kerze streichelt unsere Seelen. Im Kerzenlicht fällt es sicher vielen Menschen leichter, die Mischung hinzubekommen, die jetzt so viele brauchen: die Erinnerung an schönere Zeiten und die Hoffnung auf Besserung."

Ich erinnere mich an den Heiligabendgottesdienst im ersten Coronajahr, der online übertragen wurde. Im Vorfeld hatte ein Team allen Gemeindemitgliedern und Freunden eine Weihnachtstüte gebracht. Darin waren außer Weihnachtskarte, Zeitschrift und Gemeindebrief auch ein Streichholzpäckchen und eine Bienenwachskerze.

Am Anfang des Gottesdienstes haben wir als Zeichen der Verbundenheit die Kerze angezündet, jeder dort, wo er oder sie gerade war, aber doch gemeinsam. Die Rückmeldungen haben gezeigt, dass diese Geste viele angerührt hat. Die Kerze war tatsächlich ein Hoffnungszeichen mitten in den unsicheren, verwirrenden Zeiten.

Jede Kerze, die ich in diesem Advent anzünde, soll mich daran erinnern, dass dieses kleine Licht auf das hellste Licht aller Zeiten hinweist, auf dessen Geburt wir uns im Advent vorbereiten: Jesus Christus. Das Kind im Stall hat Hoffnung und Leben in die Welt gebracht. Das erfüllt mich mit großer Dankbarkeit, die nicht an die Adventszeit gebunden ist.

Jesus sagt: „Ich bin das Licht für die Welt. Wer mir folgt, tappt nicht mehr im Dunkeln, sondern hat das Licht und mit ihm das Leben."

*Zünde eine Kerze an und überlege dir, welche Erinnerungen in dir Dankbarkeit auslösen.*
*Notiere drei Erinnerungen, für die du ganz besonders „Gott sei Dank" sagst.*

Leuchten

# 4 HOFFNUNGSZUCKER

So einen Adventskalender hatte ich noch nie! Gleich sechsundzwanzig Tüten in rot, braun, weiß, verziert mit Sternen, Herzen und Engeln, hatte ich auf einem Tischchen aufgereiht. Ja, sechsundzwanzig. Es hatten sich für die ökumenische Aktion in Altena und Umgebung mehr Frauen begeistern lassen, als es Adventstage gibt!

Deshalb konnten wir uns bis zum zweiten Weihnachtsfeiertag über ein kleines, selbstgemachtes Geschenk freuen. Es gab zum Beispiel eine Christbaumkugel mit dem Schriftzug „Peace", Aromaöl gegen Adventsstress für die Handgelenke, Orangenseife, Badesalz, Marmelade, Knoblauch- und Kräuteröl und mehrere kleine „Advents-Auszeit-Päckchen" mit Tee, Schokolade, Kerze und Geschichte.

Am 4. Dezember hatte eine Dame eine Tüte kunstvoll mit Serviettentechnik gestaltet, zwei kleine Glöckchen hingen an den Griffen. Ich fand Tee, Kakao, ein Weihnachtsgedicht und ein Tütchen mit kleinen Herzen und Sternchen. Auf dem angehängten Zettel stand: Zucker, Vanillezucker und Karamellsirup. „Ach wie schön, zum Süßen!", dachte ich und legte alles zurück auf das Tischchen. Hier sammelte ich die ganze Adventszeit über die liebevollen Geschenke.

Nach den Feiertagen räumte ich alles weg. Das Tütchen mit den Zuckerherzen und -sternen legte ich in die Küche. Bei nächster Gelegenheit wollte ich meinen Ostfriesentee damit süßen.

Einige Tage später war es so weit. Ich nahm das Zuckertütchen vom Schrank und stutzte. Jetzt fiel mir erst auf, dass auf dem angehängten Zettel auch die Rückseite beschrieben worden war. Ich las:

*Die Hoffnung ist wie Zucker im Kaffee.*

Auch wenn sie klein ist, versüßt sie alles.

Nach den vielen schlechten Nachrichten, die ich an diesem Tag gehört hatte, war das Balsam für die Seele. Es erinnerte mich daran, dass es immer Grund zur Hoffnung gibt, weil Gott da ist!

Advent und Hoffnung gehören zusammen. Ich möchte ganz neu dankbar werden für das größte Hoffnungszeichen aller Zeiten, dessen Geburt wir an Weihnachten feiern: Jesus.

*Für welche Erlebnisse, Begegnungen oder Aussagen, die dir Hoffnung und Zuversicht geschenkt haben, bist du dankbar?*

HOFFNUNG

## 5 Dankbarkeits-Brille

Der erste Schnee und nicht nur ein paar Flocken. Endlich: Winterwunderland. Zeit für Schneeballschlacht, Schlitten fahren oder eine Wanderung durch den knirschenden Schnee. Herrlich! Das sagt die eine.

Der andere findet die „weiße Pracht" alles andere als prächtig. Die glatten Bürgersteige und Straßen erhöhen die Unfallgefahr und die Kälte ist einfach nur erbärmlich. Schrecklich!

Eine Situation – zwei Sichtweisen! Beide sind wahr.

Es ist meine Entscheidung, was ich in den Vordergrund stelle! Das Positive oder das Negative. Nicht nur, wenn es um das Wetter geht. Als Mutter einer mehrfachbehinderten, blinden Tochter weiß ich, wovon ich rede.

Seit unsere Birte vor fünfundzwanzig Jahren auf die Welt gekommen ist, hatte ich immer wieder die Wahl: Stelle ich das in den Mittelpunkt, was unser Leben komplizierter gemacht hat und was alles ganz anders geworden ist, als wir uns das gedacht haben? Oder halte ich mir vor Augen, dass Birte unser Leben enorm bereichert und was sie schon alles geschafft hat (auch entgegen der Prognosen der Ärzte)?

Mit der positiven Sicht bin ich all die Jahre bestens gefahren. Obwohl ich rückblickend ehrlichweise zugeben muss, dass es für mich keine bewusste Entscheidung war, sondern eher meinem Naturell entsprochen hat.

Heute verläuft unser Leben in viel ruhigeren Bahnen. Unser Niklas hat seine eigene Familie. Birte fühlt sich wohl im Wohnheim. Sie kommt uns alle zwei Wochen und im Urlaub besuchen. Das genieße ich sehr.

Wenn jetzt Situationen kommen, die mich herausfordern, ärgern oder ängstigen, kann ich ganz bewusst zur „Brille der Dankbarkeit" greifen. Im Gegensatz zur „rosaroten Brille", die alles nur weichzeichnet und aufhübscht, ermöglicht sie mir den Weitblick, der mich Zusammenhänge klarer erkennen lässt. Ich fokussiere mich nicht mehr auf das, was mich herunterziehen will, sondern auf das Gute.

Nicht immer klappt es, dass ich sofort die „Brille der Dankbarkeit" aufsetze. Aber ich merke, je öfter ich den „Dankbarkeitsmuskel" trainiere, desto schneller nehme ich das in den Blick, wofür ich „Gott sei Dank" sagen kann.

*Es gibt immer Situationen, die dich ärgern, aufregen und nerven. Das ist ganz normal. Versuche in dem Moment möglichst schnell, deine Gedanken auf das zu lenken, wofür du „Gott sei Dank“ sagen kannst.*

*Schreibe drei Dinge auf, für die du jederzeit dankbar sein kannst!*

dankbar

# 6 Nikolaus-Legende

Der Junge trägt einen altmodischen, gestreiften Schlafanzug. Das Mädchen ein langes, rosafarbenes Nachthemd. Mit roten Wangen schauen sie durch eine halbgeöffnete Zimmertür. Ihr glückseliger Blick geht auf den Boden, dort stehen zwei Paar glänzende Stiefel, die mit Nüssen, Äpfeln und einem Lebkuchenmann gefüllt sind.

Ich weiß nicht, wie oft ich das Bild in meinem mittlerweile zerfledderten, vergilbten Kinderbuch schon angeschaut habe. Meine Schwester Petra und ich haben es 1971 geschenkt bekommen. Vom Nikolaus. So steht es in der Widmung auf Seite zwei. Dass der die gleiche Schrift hatte wie unsere Oma Erika, war mir damals nicht aufgefallen. Kein Wunder. Ich war gerade mal vier Jahre alt. Dass ich an diesem Adventsbuch so lange Freude haben würde, konnte damals keiner ahnen – noch nicht mal Oma.

Geschenke am Nikolaustag haben Tradition. Der historische Nikolaus, der Bischof von Myra, war ein großzügiger Mann. Er lebte im vierten Jahrhundert und hat sein geerbtes Vermögen an die Armen verteilt. Um ihn ranken sich viele Legenden. Wie diese:

Ein Mann hatte drei Töchter. Er wollte sie versorgt wissen, dafür hätten sie heiraten müssen.

Aber er war so arm, dass er ihnen weder Geld noch Haushaltsgegenstände mit in die Ehe geben konnte, wie es damals üblich war. Keine Heirat bedeutete keine Versorgung und keine ehrbare Zukunft. Bischof Nikolaus hatte davon erfahren. In drei aufeinanderfolgenden Nächten ging er an dem Haus der Familie vorbei und warf je einen Goldklumpen durch den Kamin. Die Mädchen fanden sie in ihren zum Trocknen aufgehängten Strümpfen und konnten dann doch noch standesgemäß heiraten.

Daraus entwickelte sich zunächst der Brauch, am Nikolaustag Kindern kleine Geschenke zuzuwerfen. Aber schnell merkte man, dass die Jüngeren dabei zu kurz kamen. Ab dann wurden Strümpfe, Socken, Schuhe oder Stiefel befüllt. Daher kommt der Brauch, am Abend vor dem Nikolaustag geputzte Stiefel vor die Tür zu stellen.

Eine schöne Geschichte. Ob es wirklich so passiert ist, weiß keiner. Aber das ist mir nicht wichtig. Für mich ist und bleibt Nikolaus, der Bischof von Myra, ein Vorbild in Sachen Nächstenliebe, Hilfsbereitschaft und Barmherzigkeit.

Das möchte ich auch in meinem Umfeld umsetzen! Nicht nur am 6. Dezember.

*Wer ist dir zum „Nikolaus" geworden?*
*Wer hat dir schon völlig uneigennützig in einer Notsituation geholfen? Wer hat dir gezeigt, was Nächstenliebe ganz konkret bedeutet?*

Nikolaus

7

# Glückstag

Schlaftrunken tappe ich in die Küche. Draußen ist es noch stockdunkel. Beim Blick aus dem Fenster sehe ich hier und da Adventsbeleuchtung in den Fenstern. Was wäre ich gerne noch liegen geblieben! Ich schalte den Kaffeevollautomaten an und das Radio ein.

Plötzlich schmettert Sasha „Today is a lucky day“ in den dunklen Adventsmorgen. Ich schüttele den Kopf. „Heute ist ein Glückstag? Das wüsste ich aber!“, murmele ich vor mich hin und drücke „Zwei extra-große Tassen, mildes Aroma“. Prompt arbeitet das Mahlwerk und kurz darauf steigt mir der Kaffeeduft in die Nase.

Der erste Schluck Kaffee tut gut. Dann ein Blick aufs Handy. Keine neuen Nachrichten. Dafür Statusmeldungen. Ich bin neugierig, klicke die erste an und lese: Anstatt dich zu ärgern, dass du morgens aufstehen musst, solltest du öfter dankbar sein, dass du es kannst! Oha! Das passt!

Sasha singt derweil immer noch vom Glückstag.

Ich nippe nochmal am Kaffee.

Meine grauen Zellen beginnen zu arbeiten.

Ist vielleicht doch was dran an Sashas Glückstags-Prognose?

Dass ich lebe, atme, hier in meiner Küche sitze, Kaffee trinke und die Musik im Radio höre, das ist alles nicht selbstverständlich.

Es ist ein Geschenk – von Gott, dem Schöpfer der Welt.

Was der Tag bringen wird, weiß ich nicht. Aber für mich steht fest: Egal, was kommt, ich bin nicht allein. Gott ist mir nah. Das erinnert mich an einen alten Satz aus der Bibel: „Gott nahe zu sein, ist mein ganzes Glück!"

Dann hat Sasha ja recht: „Today is a lucky day"!

*Heute ist dein Glückstag! Denn dieser Tag ist ein Geschenk von Gott an dich! Gehe durch diesen Tag und achte auf das, was bisher so selbstverständlich für dich war. Schreibe am Abend deine „Alltags-Gott-sei-Dank“-Entdeckungen auf!*

Glückstag

# 8 Wohlwollend

Hast du das verdient? Die Worte rissen mich aus meinen Gedanken, als ich im Drogeriemarkt an der Kasse wartete. Und nochmal rief ein Mann hinter mir: „Hast du das verdient?" Jetzt musste ich doch mal schauen, was da vor sich ging.

Ich drehte mich um und sah ein ungefähr vierjähriges Mädchen. Offensichtlich hatte sie etwas in den Auslagen gefunden, das sie unbedingt haben wollte. Ihr Vater hatte sich buchstäblich vor ihr aufgebaut. Zum dritten Mal hörte ich die strengen Worte: „Hast du das verdient?" und nun sagte er noch: „Nach der Aktion vorhin?" Dann sah ich, wie das „Objekt der Begierde" zurück ins Regal gelegt wurde.

Besonders beeindruckt war das Kind nicht von dem filmreifen und auch ein bisschen peinlichen Auftritt. Kurze Zeit später schnappte sie sich schon wieder etwas aus einem Regal. Keine Ahnung, ob sie es bekommen hat. Ich bezahlte und verließ den Laden.

„Hast du das verdient?", die Frage hatte sich in meinen Gedanken festgekrallt. Je länger ich mich damit beschäftige, desto unangenehmer empfand ich sie, damit war Druck verbunden. Ich musste etwas tun oder leisten, damit ich etwas bekommen kann. Was, wenn ich nichts (mehr) leisten kann?

Da kam mir ein Satz aus der Bibel in den Sinn, der so wohltuend anders klingt: „Aber was sich keiner verdienen kann, schenkt Gott in seiner Güte: Er nimmt uns an, weil Jesus Christus uns erlöst hat."

Gott erwartet keine Gegenleistung. Er nimmt mich so, wie ich bin. Er sieht jeden Menschen freundlich und wohlwollend an, nichts anderes bedeutet das Wort „Güte".

Gott, ist nicht nur gütig, er ist auch die Liebe, die in Jesus Mensch geworden ist. Das feiern wir an Weihnachten.

Diese Liebe muss und kann ich mir nicht verdienen. Sie ist das größte göttliche (Weihnachts-) Geschenk, das es je gegeben hat. Ich nehme es dankbar an.

*Gott sieht jeden freundlich und wohlwollend an. Erinnerst du dich an Momente, in denen du das gespürt hast? Für welche Situation bist du besonders dankbar?*

aus Liebe

9

# Rückblick

Advent
„Weißt du noch?“
Schummerstündchen.
Plätzchen backen.
Lieder singen.

Advent
„Weißt du noch?“
Wunschzettel schreiben.
Heimlichkeiten.
Geschenke basteln.

Advent
„Weißt du noch?“
Weihnachtsmarkt.
Klebrige kandierte Äpfel.
Kinderkarussell.

Advent
„Weißt du noch?“
Morgenrot.
„Christkindchen backt Plätzchen.“
Staunend am Fenster stehen.

Advent
„Weißt du noch?“
Tannennadel.
Kerzenflamme.
Welch ein Duft!

Advent
„Weißt du noch?“
Vertraute Menschen.
Sie fehlen heute.
Die Dankbarkeit bleibt.

Advent
„Weißt du noch?“
Erinnerungen sind ein wertvoller Schatz.

*Herzliche Einladung zur Reise in den Advent in deiner Kindheit.*

*Nimm dir ein paar Minuten Zeit: Was war besonders schön? Welche Rituale gab es? Mit welchen Menschen warst du am liebsten zusammen? Wofür bist du ihnen dankbar?*

dāmals

# 10 Immer dankbar

Bedingungslose Dankbarkeit!* Diese zwei Worte schlugen bei mir ein wie der Blitz. Bodo Janssen, Geschäftsführer der Upstalsboom-Kette, sagte sie mir in einem Interview über seine Unternehmenswerte. Mit bedingungsloser Dankbarkeit meint er, dass seine Mitarbeiter und er nicht nur dankbar sind, wenn alles gut läuft, sondern auch in Krisen dankbar bleiben. Nicht für die Krise an sich, aber für die neuen Möglichkeiten, die dadurch entstehen würden. Noch Tage später ging mir das nicht aus dem Kopf.

Bedingungslose Dankbarkeit. Die Wortkombination war für mich neu und ungewohnt. Inhaltlich entspricht das genau dem, was ich als die Dankbarkeitsbotschafterin weitergeben möchte: Es gibt immer einen Grund zum „Gott sei Dank" sagen. Auch in schweren Zeiten. Krisen sind immer auch Chancen.

Das deckt sich mit diesem Satz aus der Bibel: „Seid allezeit fröhlich, betet ohne Unterlass, seid dankbar in allen Dingen." Paulus hat das so formuliert. Ein Mann, der des Öfteren schwere Zeiten hatte, vor allem, nachdem er Christ geworden war. Mehrmals erlebte er Schiffbruch, war im Gefängnis, wurde mit Steinen beworfen, bedroht und man wollte ihn sogar umbringen.

Trotzdem schreibt er: „Seid allezeit fröhlich, betet ohne Unterlass, seid dankbar in allen Dingen.“ Klingt paradox? Das war es für Paulus nicht. Er hat das genauso gelebt. Das war möglich, weil er mitten in Krisen den nicht aus dem Blick verloren hat, der neue Möglichkeiten aus allem entstehen lässt: Jesus, Gottes Sohn. Die Verbindung mit ihm schenkt bedingungslose Dankbarkeit – in allem.

Dankbar sein in allen Lebenslagen – wie so vieles ist das für mich ein Lernprozess. Aber je mehr ich lerne, nicht die Probleme in den Vordergrund zu stellen, sondern gespannt zu sein, was sich aus allem entwickeln kann, desto besser klappts, mit der Dankbarkeit!

*Denke an etwas, das dir gerade das Leben schwer macht. Danke jetzt schon für die neuen Möglichkeiten, die sich daraus ergeben können, auch wenn du keine Idee hast, was das sein könnte!*

bedingungslos

11

## Dufte Zeit

Zimt, Nelke, Piment, Muskatnuss, Kardamom und Anis – diese Gewürze gebe ich zur Trockenobstmischung und vermenge alles. Der Duft, der sich jetzt ausbreitet, ist einfach herrlich und wird nur noch getoppt von dem Aroma, das sich beim Backen des Früchtebrotes entfaltet.

Der Advent ist eine – im wahrsten Sinne des Wortes – „dufte" Zeit. Ich mag den Geruch von frischem Tannengrün, Mandarinen und gebrannten Mandeln. Aber nicht jeder teilt meine Vorlieben. Und das lässt sich „ganz einfach" erklären:

Wissenschaftler haben herausgefunden, dass jeder Duft, den ich wahrnehme, vom Gehirn abgespeichert wird, und zwar zusammen mit der jeweiligen Stimmung.

Das bedeutet: Alles, was ich rieche, weckt automatisch gute oder schlechte Erinnerungen. Während der Geruch von Popcorn mich an schöne Weihnachtsmarktbesuche als Kind erinnert, denkt eine andere sofort daran, dass sie nie Süßigkeiten dort bekommen hat.

Aber das muss nicht für immer so bleiben. Die Geruchsforscher weisen darauf hin, dass negative Duft-Erinnerungen mit neuen, positiven Erfahrungen „gelöscht" werden können!

Täglich umgibt mich ein großes Duft-Potpourri. Oft nehme ich das gar nicht mehr wahr. Erst wenn durch eine Erkältung meine Nase zu ist, merke ich, dass etwas fehlt. Zum Glück dauert das ja meistens nicht lange. Wie wertvoll ein guter Geruchssinn ist, wurde für die deutlich, die ihn durch eine Corona-Infektion plötzlich teilweise über Wochen und Monate verloren hatten. Betroffene berichteten, dass sie sich regelrecht von der Umwelt abgeschnitten gefühlt haben.

Was für ein Geschenk, dass ich riechen kann! Diese Adventstage will ich mit der Nase voraus erleben und mich neu einlassen auf besondere Gott-sei-Dank-Geruchs-Momente!

*Für welche Düfte bist du dankbar?*

*Welche dankbaren Erinnerungen verbindest du mit Gerüchen?*

DUFTE

12

# Wertvoll

Wenn ich mit unserer Tochter Birte im Auto unterwegs bin, haben wir immer Musik an. Neulich hatte ich eine CD mit Ohrwürmern aus den 1970ern und 1980ern in den CD-Player geschoben. Da kamen viele Erinnerungen aus meiner Teenagerzeit hoch und vor allem an die Tanzschule. Zu Gloria Gaynors Discoversion von „I am what I am“ habe ich Discofox gelernt.

Auf den Text habe ich damals gar nicht geachtet. Erst viel später habe ich registriert, dass das Lied „Ich bin, was ich bin“ aus dem Musical „La Cage aux Folles“, also „Ein Käfig voller Narren“, stammt. Darin geht es ums Schwulsein und um Coming-out.

Aber die Kernaussage des Songs hat damit eigentlich nichts zu tun, denn es geht um etwas, das für alle gilt. Frei übersetzt heißt es im Refrain: „Ich bin, was ich bin, und für das, was ich bin, muss ich mich nicht entschuldigen!“

Denn jeder Mensch ist ein geliebter Gedanke Gottes. Er liebt mich und jeden so, wie er oder sie ist. Nicht, weil ich etwas darstelle, etwas besonders gut kann oder womöglich Macht habe – nein. Gott liebt mich ganz einfach, weil ich ich bin!

Wenn ich in den Spiegel schaue und eine Falte entdecke oder etwas anderes, was mir nicht gefällt, dann ändert das nichts an meinem Wert. Ich bin und bleibe ein geliebter Gedanke Gottes für immer und ewig! Das hilft mir, mich selbst so anzunehmen, wie ich bin.

Das lässt mich mutig und getrost durchs Leben geben und das ermöglicht mir auch einen freundlichen Blick auf die Menschen um mich herum, denn für sie gilt dasselbe wie für mich! Wertvoll! Von Gott gemacht! Schwarz auf weiß lese ich in der Bibel: „Herr, ich danke dir dafür, dass du mich so wunderbar und einzigartig gemacht hast!"

*Schaue in den Spiegel und nicht auf, das, was du bemängelst! Sondern entdecke deine Besonderheit, das, was dich ausmacht!*

*Wofür bist du dankbar?*

WERTVOLL

13

# Still sein

Bimbimbim. Auf dem Kinderkarussell schlug ein Mädchen mit Begeisterung die Feuerwehrglocke, ein anderer hatte die Sirene entdeckt. Tatüüü Tataaaa im Dauerton. Am liebsten hätte ich mir die Ohren zugehalten. Aber wie sähe das aus – beim Rundgang über den Weihnachtsmarkt!
Ein paar Schritte weiter an der Aktionsbühne sang ein Gospelchor. Direkt daneben, am Glühweinstand, herrschte eine Stimmung wie zu Karneval. Ein Grölen und Lachen: Junggesellenabschiedsparty.

Nichts wie weg hier, dachte ich und flüchtete um die nächste Ecke.

Plötzlich wehte „Leise rieselt der Schnee" über den Platz zu mir herüber. Ich musste schmunzeln. Von „leise" konnte auf dem Weihnachtsmarkt nun wirklich keine Rede sein. Und von Schnee war auch keine Spur zu sehen. Erschöpft trat ich den Heimweg an.

Ein paar Tage später kam er dann doch noch, der „leise rieselnde Schnee". Ich packte mich warm ein und drehte eine kleine Runde. Außer dem Knirschen meiner Schuhe war nichts zu hören. Ich blieb stehen. Und hörte nochmal ganz genau hin.

Wirklich: Stille.

Wie gut mir das tat!

Ganz bewusst atmete ich die kalte Luft ein – und wieder aus.

Vor meinem Gesicht bildete sich eine Atemwolke. Sie hüllte mich ein, war wie ein zusätzlicher Schutzschild gegen den Lärm.

Der Spaziergang war nur kurz. Als ich zu Hause die Stiefel von den Füßen streifte, merkte ich, wie gut mir diese Auszeit von der Advents-Dauer-Beschallung getan hatte. Ich hatte wieder neue Kraft.

Später las ich in der Bibel, dass Stille ein uraltes Rezept ist gegen Kraftlosigkeit:

„Durch Stillesein und Vertrauen würdet ihr stark sein.“

*Nimm dir heute mal fünf Minuten Zeit an einem ruhigen Ort, in deiner Wohnung oder draußen in der Natur. Atme bewusst ein und aus.*

*Überlege dir drei Dinge, für die du dankbar bist, für die du dich aber nicht bei einem Menschen bedanken kannst, und schreibe diese Gründe zum „Gott sei Dank" sagen auf.*

STILLE

# 14 Gönnen können

Ostfriesland ist für mich wie eine zweite Heimat. Hier lasse ich mir gerne den Wind um die Nase wehen oder auch mal den Kopf freipusten. Hier ist auch mein Rückzugsort fürs Bücherschreiben.

Wenn wir zusammen mit unserer Birte hier Urlaub machen, steuern wir ganz oft unser Lieblingscafé in Norden an. Ich weiß nicht, wie oft wir schon dort waren. Trotzdem ist mir erst vor kurzem der Schriftzug an der Terrassentür aufgefallen: Wer sich selbst nichts gönnt, wem kann der Gutes tun?

Ein wirklich passender Werbeslogan für einen Ort, an dem die Auswahl an köstlichen Kuchen und Torten groß ist. Aber er stammt gar nicht von einem pfiffigen Werbetexter. Darüber klärte mich die Café-Chefin auf. Der Spruch ist schon mehr als 2100 Jahre alt und steht im Buch Jesus Sirach, das in manchen Bibeln zusätzlich zum Alten und Neuen Testament abgedruckt ist, in den sogenannten Spätschriften.

Wer sich selbst nichts gönnt, wem kann der Gutes tun? Ich gehöre zu den Menschen, die sich ohne schlechtes Gewissen etwas gönnen können und ich meine jetzt nicht nur die vielen Köstlichkeiten, die es in der Adventszeit gibt.

Das ganze Jahr über gönne ich mir kleine Auszeiten mitten im Alltag: Zwischendurch ein paar Seiten in einem guten Buch lesen; zwanzig Minuten Mittagsschlaf oder in diesen Tagen auch mal nichts weiter tun, als nur dasitzen und in die flackernden Kerzen am Adventskranz schauen.

Das mache ich trotz meiner gut gefüllten „To-do-Liste". Denn ich weiß, das tut mir gut!

Und außerdem wusste man schon vor mehr als zweitausend Jahren, dass sich selbst etwas zu gönnen, die beste Grundlage dafür ist, anderen etwas Gutes tun zu können. Ich weiß, dass alles Gute letztlich ein Geschenk des Himmels ist!

*Für welche kleinen Alltags-Auszeiten sagst du heute „Gott sei Dank"?*

DAS GÖNN
iCH MiR

15

# Festgehalten

*Wintereinbruch in Deutschland: Schnee zum dritten Advent!* Allein die Schlagzeile in der Internetzeitung ließ mich schon frieren. Gut, dass wir unseren Kaminofen und jede Menge Holz hatten. Bei unseren milden Wintern war ich schon drauf und dran gewesen, ihn aus unserem Wohnzimmer zu schmeißen. Aber jetzt war er ein echtes Geschenk, für das ich dankbar war. Nicht nur, weil seine Wärme die Kälte vertrieb. Wir sollten ja auch Gas sparen, wegen der möglichen Energiekrise. Also: Heizung aus. Ofen an.

Dieses Mal stimmte die Wettervorhersage tatsächlich. Pünktlich zum dritten Advent fielen die ersten dicken Flocken und es blieb auch die nächsten Tage winterlich.

Schön, wenn man die weiße Pracht von der warmen Wohnung aus betrachten oder dick eingemummelt in aller Ruhe einen Spaziergang machen konnte.

Nicht so schön, wenn Termine anstanden und man rausmusste, egal, ob die Straßen schon geräumt waren oder nicht. So ging es mir. Ich musste los.

Zum Glück hatte Frank, mein Mann, schon Schnee geschippt. So kam ich den steilen Berg gut hinunter bis zu meinem Auto.

Ich fegte den Schnee ab. Um die rechte Windschutzscheibe freizumachen, musste ich etwas bergauf gehen. Und da passierte es: Ich hatte keinen Halt mehr. Der Boden war spiegelglatt. Mein Knie war kurz davor, auf dem Asphalt aufzuschlagen. In der nächsten Sekunde konnte ich mich am Kotflügel festhalten und wieder hochziehen. Schreck in der Morgenstunde. Ich atmete tief ein und aus.

Plötzlich war da dieser Bibelvers in meinem Kopf: „Selbst wenn er einmal stolpert, fällt er nicht zu Boden, denn der Herr hält ihn fest an der Hand."

Genau das hatte ich gerade erlebt. Aber wie oft bin ich schon in gefährlichen Situationen vor Schaden bewahrt worden und habe überhaupt nicht registriert, dass mich der Eine an die Hand genommen hat?

Besser spät als nie: Gott sei Dank dafür!

*Welche „Stolpermomente“ kommen dir in den Sinn, in denen du Bewahrung erlebt hast? Für welche Hilfe bist du besonders dankbar?*

gehalten

# 16 Chancengeber

Auch die Dankbarkeitsbotschafterin muss hin und wieder nach der „Brille der Dankbarkeit“ suchen. Manchmal liegt sie unter einem Berg voller Selbstvorwürfe, Enttäuschung und Traurigkeit. Zum Beispiel, wenn ich mit meiner Art oder unüberlegten Worten andere verletzt habe; ich einen Fehler gemacht habe, den mir der andere nicht verzeihen kann (oder will), derjenige sich aber auch nicht die Zeit nimmt, mit mir über alles in Ruhe zu sprechen.

Solche Situationen lähmen und blockieren mich. Von Dankbarkeit erstmal keine Spur.

Mit diesen Gedanken und Gefühlen kann ich schlecht alleine bleiben. Wie gut, dass ich Herzensfreunde an der Seite habe, die mir zuhören und noch mehr – mit mir beten. Wenn ich das, was mich belastet, vor vertrauten Menschen und Gott ausspreche, schonungslos das benenne, was ich falsch gemacht habe, dann geht es mir besser. Und noch mehr:

Plötzlich finde ich auch meine „Brille der Dankbarkeit“ wieder.

Selbst dann, wenn noch nicht alles geregelt ist und mir klar ist, dass ich auch in Zukunft immer wieder Fehler machen werde und es passieren kann, dass trotz Entschuldigung mir jemand vielleicht keine zweite Chance geben wird.

Der Chef des Universums ist zum Glück ganz anders drauf.

„Wenn wir aber unsere Verfehlungen eingestehen, können wir damit rechnen, dass Gott treu und gerecht ist: Er wird uns dann unsere Verfehlungen vergeben und uns von aller Schuld reinigen."

Ich habe mir diese Sätze in meiner Bibel rot markiert.

Ohne Schuld und Fehler komme ich nicht durchs Leben. Das steht fest.

Aber wenn ich was vermasselt habe, weiß ich, wo ich das zuallererst loswerden kann. Gott ist mein Chancengeber. Für immer und ewig.

Auch wenn es manchmal dauert: Früher oder später kann ich mit der „Brille der Dankbarkeit" sogar das Gute entdecken, das durch die Herausforderung entstanden ist.

*Für welche herausfordernde, schwere Situation in deinem Leben bist du im Nachhinein dankbar?*

BIBEL
vergeben

# 17 Aufwach-Gedanken

6.10 Uhr.
Der Wecker dudelt.
Aufstehen?
Nur noch zwei Minuten.
Rekeln.
Strecken.
Danken.
Ich
Lebe.
Atme.
Fühle.
Rieche.
Höre.
Sehe.
Schmecke.

Bin
Geliebt.
Gewollt.
Einzigartig.
Wertvoll.

Danke für:
Den guten Schlaf.
Die warme Decke.
Meine Familie.
Echte Freunde.

Danke für:
Den Advent.
Kerzen, Plätzchen, Lieder,
Geschichten, Gemütlichkeit.
Das Einstimmen auf Weihnachten.

Danke
Lieber Gott.
Du bist da.
Immer.
Darauf ist Verlass.
Immer
Und ewig.

6.13 Uhr
Schon so spät?!
Aufstehen!!!!!

*Wofür warst du noch vor dem Aufstehen dankbar?*

# Morgenlob

18

# Angesehen

Sehen und gesehen werden! Dieser Satz fällt mir ein, wenn im Advent die Benefiz-Veranstaltungen über den Bildschirm flimmern. Prominente sitzen am Telefon, plaudern mit den Anrufern und notieren die Spendensumme für den guten Zweck. Aus Neugier zappe ich gerne in diese Shows hinein. Wer ist da? Wie haben sich die Promis in Schale geschmissen und was erzählen sie?

Wer dort hingeht, weiß: Ich werde von vielen Menschen gesehen. Das ist ja auch Ziel und Zweck. Es gehört zum Job dazu, „sehen und gesehen zu werden“. Jedermanns Sache ist es nicht, im Rampenlicht zu stehen.

Ich habe damit keine Probleme, sonst würde ich nicht Woche für Woche den Montagsimpuls auf meinem YouTube-Kanal hochladen, Vorträge halten und moderieren. Trotzdem gibt es Situationen, da würde ich mich gerne in ein Mauseloch verkriechen. Nicht auf der Bühne oder vor der Kamera, sondern in persönlichen Gesprächen. Immer dann, wenn ich den Eindruck habe, dass mein Gegenüber gar nicht mich und das, was mich bewegt, wahrnimmt, sondern nur darauf lauert, meine Schwachstellen zu finden, oder nach einer Möglichkeit sucht, mir Fehler vorhalten zu können. Manche verbinden genau so eine Haltung mit Gott. Für sie ist er einer, der vom Himmel mit Adleraugen herabschaut und darauf wartet, was ich als nächstes falsch mache. Gott als Moralwächter. Der mit dem erhobenen Zeigefinger. Nach dem Motto: „Vorsicht! Der liebe Gott sieht alles!" Der Satz steht übrigens nicht in der Bibel.

Dafür dieser: „Du bist ein Gott, der mich sieht!"

Hagar, eine Sklavin, hat diese Worte vor mehr als 4000 Jahren ausgesprochen.

Dabei war es damals in ihrem Kulturkreis gar nicht üblich, dass Frauen den Mund aufmachen, und sie durften schon gar nicht öffentlich mit Gott reden.

„Du bist ein Gott, der mich sieht!" Diese Worte sagte Hagar nicht mit einem ängstlichen, ertappten Blick nach oben. Nein, es war eine ganz persönliche und erstaunte Feststellung. Als sie mutterseelenallein in der Wüste war, hat sie erlebt, dass Gott ihre Not wahrgenommen und sich liebevoll um sie gekümmert hat. Der allmächtige Gott hat sie, die Sklavin, gesehen und ihr dadurch Ansehen gegeben. „Du bist ein Gott, der mich sieht!"

Daran hat sich bis heute nichts geändert. Gott sieht mich. Er liebt mich so, wie ich bin. Mit allen Ecken, Kanten und auch mit meinen Fehlern! Kein noch so kritischer Gesprächspartner und auch sonst niemand auf der Welt kann mir meine Würde, meinen Wert, mein Ansehen nehmen! Das alles habe ich nämlich von Gott geschenkt bekommen, als er mich liebevoll gemacht hat.

*Gott sieht dich. Er liebt dich. So, wie du bist!*

*Ein vertrauter Gedanke? Dann notiere hier, in welchem Moment du dafür besonders dankbar bist. Ist das ein ungewohnter Gedanke? Dann stelle dir einfach mal vor, dass es so ist. Was würde das an deiner Lebenseinstellung und deinem Selbstbewusstsein positiv verändern?*

angesehen

19

# FLÜGELLOS

Ein Orgelwunschkonzert im Advent. Zwischen „Tochter Zion“ und „In der Weihnachtsbäckerei“ kam ein Mädchen in die Kirche gestapft und sagte laut: „Gibt es hier ein Krippenspiel? Ich möchte die Maria sein!“ Das war eine klare Ansage. Ich musste schmunzeln. Als der ungefähr Siebenjährigen klar wurde, dass hier gerade keine Probe stattfand, suchte sie sich einen Platz und hörte zu. Tage später sitze ich an meinem Schreibtisch. Da fällt mein Blick auf eine Bibel-Spruchkarte, die ich seit Jahren gut sichtbar hier aufgestellt habe. Den Text habe ich schon oft gelesen. Er ist mir vertraut und doch immer wieder herausfordernd:

Maria begann, Gott zu loben: „Von ganzem Herzen preise ich den Herrn. Ich bin glücklich über Gott, meinen Retter. Mich, die ich gering und unbedeutend bin, hat er zu Großem berufen. Zu allen Zeiten wird man mich glücklich preisen.“

Plötzlich fällt mir das vorwitzige Mädchen in der Kirche wieder ein und ihre Forderung: „Ich will die Maria sein!“ Irgendwie passt das zum Bibelzitat, das in meinen Ohren alles andere als schüchtern oder zurückhaltend klingt. Eher ein bisschen vollmundig. Diese Worte hätte ich nicht von einer jungen Frau erwartet, die vor Kurzem erfahren hat, dass sie ein Kind bekommen wird, obwohl sie ihren Verlobten Josef höchstens mal geküsst hatte. Noch nicht verheiratet und schwanger. Damals ein gesellschaftliches No-Go. Warum konnte Maria trotzdem so selbstbewusste Worte aussprechen? Für mich gibt es nur eine Erklärung: Es liegt an der Begegnung mit dem Engel.

Dieser himmlische Bote hat Maria unmissverständlich klar gemacht, dass sie, die „Geringe und Unbedeutende“, alles mitbrachte, um die Mutter von Jesus, Gottes Sohn, zu werden. Ihre Jugend, ihre Herkunft – das alles spielte keine Rolle. Für den Chef der Welt war sie genau die Richtige für diesen einmaligen Auftrag. Der Engel war nicht nur Überbringer einer – zugegeben außergewöhnlichen – Nachricht, er war auch Marias Ermutiger!

Mein Lebensauftrag ist nicht halb so spektakulär wie der von Maria. Aber darauf kommt es ja nicht an. Jeder ist an seinem Platz wichtig und herausfordernde, schwere Zeiten kenne ich auch nur zu gut. Da hätte ich mir manchmal auch einen Mut-mach-Engel gewünscht. Wobei … wenn ich zurückdenke, dann haben mich zwar keine himmlischen Wesen ermutigt, wie Maria das erlebt hat, dafür hatte ich liebe Menschen an meiner Seite, die mich ermutigt und aufgebaut haben.

Was bin ich dankbar für die vielen Engel ohne Flügel, denn für mich ist klar, dass Gott sie an meine Seite geschickt hat. Solche Momente schenken Kraft für alles, was kommt, wie bei Maria.

*In welchen Momenten hast du erlebt, dass Menschen zu Engeln ohne Flügel für dich geworden sind? Für welches Erlebnis bist du besonders dankbar? Vielleicht ist heute ein guter Tag zum Danke sagen?*

# Mutmacher

20

## Lebensbegleiter

Das Wertvollste im Leben ist nicht das, was wir haben, sondern wen wir haben! Den Spruch entdecke ich in einem WhatsApp-Status. Schön, dass hier jemand daran erinnert, dass es nicht darauf ankommt, was ich an materiellen Dingen vorweisen kann, sondern, dass Menschen um mich sind, die mich annehmen und lieben. Passt zu Weihnachten, dem „Fest der Liebe“.

Wie heißt es so schön: Die Liebe ist doch das Wichtigste! Steht auch schon in der Bibel: „Auch wenn alles einmal aufhört – Glaube, Hoffnung, Liebe nicht. Diese drei werden immer bleiben; doch am höchsten steht die Liebe.“

Bei Hochzeiten werden diese Worte besonders gerne vorgelesen, die im „Hohelied der Liebe“ aufgeschrieben wurden.

Und da steht übrigens auch, dass die Liebe geduldig und gütig ist, sich nicht aufspielt oder schadenfroh ist und dass sie nie aufgibt und alles erträgt. Manche halten das für den Liebesschwur eines Brautpaars. Dabei ist es die uralte Liebeserklärung von Gott an jeden Menschen! Denn mal ganz nüchtern betrachtet: Zu so einer bedingungslosen, ewigen Liebe ist kein Mensch fähig – weil unser Leben begrenzt ist und Lebenswege leider auch auseinander gehen können.

Deshalb habe ich Bauchschmerzen beim zweiten Teil des WhatsApp-Spruchs, der darauf abzielt, dass Menschen das Wertvollste im Leben sind.

Was passiert, wenn die wertvollen Menschen nicht mehr da sind? Wer schenkt mir dann noch Zuversicht und Mut?

Partner, Freunde, Familie können nur „Schätze auf Zeit" sein. Deshalb ist es klug, wenn ich sie liebe und schätze, aber trotzdem nicht mein komplettes Lebensglück von einem Menschen abhängig mache.

Ich lese den Spruch nochmal: „Das Wertvollste im Leben ist nicht das, was wir haben, sondern wen wir haben!" Mir fehlt etwas.

So ergibt es für mich Sinn: „Das Wertvollste im Leben ist nicht das, was wir haben, sondern wen wir an der Seite haben: Jesus."

Jesus, der Sohn Gottes, ist als Baby auf die Welt gekommen. Die Adventszeit dient als Vorbereitungszeit auf dieses Ereignis, das wir an Weihnachten feiern. Das war aber nur der Auftakt von der Erden-Mission, zu der auch Karfreitag und Ostern gehören. Kurz vor seiner Himmelfahrt hat Jesus seinen Freunden versichert: „Ich bin immer bei euch, jeden Tag, bis zum Ende der Welt!"

Das gilt bis heute!

Das ist für mich das Wertvollste im Leben – und das gilt sogar darüber hinaus.

*Wenn du schon entdeckt hast, dass Jesus dein Lebensbegleiter sein möchte: In welchen Situationen bist du besonders dankbar dafür, dass du niemals allein bist?*
*Wenn du dir Jesus als Lebensbegleiter wünschst: Er ist nur ein Gebet weit von dir entfernt. Zum Beispiel können die Worte des alten Herzensgebetes zu deinen werden: „Herr Jesus Christus, du Sohn Gottes, erbarme dich meiner!"*

NIE ALLEIN

21

# Advents-Begegnung

Einkaufsbummel im Advent. Es ist kurz vor Feierabend. Kaum noch Kunden im Kaufhaus. Ich bin auf der Suche nach einem Weihnachtsgeschenk für meinen Mann. Ein Sweatshirt wäre schön. Ich schaue hier und da. Plötzlich höre ich hinter mir eine Stimme: „Kann ich Ihnen helfen?" Ich drehe mich um, sehe in das Gesicht eines Verkäufers und sage: „Nein, danke, ich schaue nur mal!" Er nickt und legt weiter fein säuberlich Shirts auf einen Tisch.

Ich bahne mir meinen Weg vorbei an Kleiderständern, Weihnachtsdeko und Auslagen, finde aber nichts Passendes. Ich will schon zur Rolltreppe gehen, da fällt mir ein, dass in meiner Tasche noch ein paar Streichholzbriefchen liegen, die ich im Advent gerne an Menschen, die mir begegnen, verschenke. Warum nicht auch an diesen Kaufhausmitarbeiter? Ich angle eins heraus und gehe zu ihm zurück.

„Ich habe noch was für Sie!", sage ich und gebe ihm das Briefchen auf dem gut sichtbar „Stille Nacht" steht. Er ist erstaunt, nimmt es, bedankt sich.

„Bitte und tschüss!", sage ich und laufe wieder zur Rolltreppe. Da höre ich ihn plötzlich sagen: „Stille Nacht? O Gott, o Gott!"

Ich muss grinsen und im Weitergehen rufe ich ihm zu: „Ja, genau, um den geht es an Weihnachten!“, und schon fahre ich ins Erdgeschoss. Ich grinse immer noch, als ich unten ankomme. Zu gerne hätte ich jetzt sein Gesicht gesehen.

Ein Geschenk für meinen Mann habe ich nicht gefunden, aber trotzdem bin ich richtig beschwingt und dankbar. Das liegt an der kurzen Begegnung mit dem Verkäufer. Ich freue mich wie ein Kind, dass ich ihm das Streichholzbriefchen in die Hand drücken konnte. Vielleicht liest er trotzdem den Text, der auf der Innenseite abgedruckt ist und der daran erinnert, dass Weihnachten mehr ist als „Stille Nacht“:

*In einem unscheinbaren Stall verändert sich die Welt für immer: Jesus wird geboren. Durch ihn strahlt Gottes Liebe in die Welt wie ein Licht in der Nacht.*

*Für welche zufällige Begegnung mit einem Menschen, den du nicht kennst, bist du heute dankbar? Für welches unerwartete Geschenk bist du besonders dankbar? Wen könntest du mit einer Kleinigkeit überraschen?*

überrascht

# 22 Sorglos

Bernsteinfarben schimmerte der Ostfriesentee in meinem Becher. Durch die alten Bleiglasscheiben strahlte die Wintersonne, die mich erstaunlich wärmte. Ich saß in meinem Lieblingscafé in Norden und machte eine Pause. Dieses Mal war ich nicht auf Familienurlaub in Ostfriesland, sondern ich hatte mich ganz allein zum Schreiben hierher zurückgezogen.

Neben meinem Teebecher stand eine pinkfarbene Plastikschale mit Zuckertütchen. Den Aufdruck kannte ich schon von den letzten Besuchen hier: *Feiere den Alltag.* Immer wieder schön zu lesen. Ich freute mich an der gemütlichen Atmosphäre, den freundlichen Mitarbeiterinnen, über die liebevolle, wenn auch ziemlich kitschige Dekoration, die auch käuflich erworben werden konnte: Geschirr in knallig bunten Farben oder mit wilden Blumenmustern, Winke-Katzen und Weihnachtselfen im Glitzerkleid. Das war zwar alles nicht mein Geschmack, aber hier passte es hin. „Das Leben ist schön!", kam mir in den Sinn und ich trank noch einen Schluck Tee.

Im nächsten Moment war es plötzlich mit meiner Seelenruhe und Zufriedenheit vorbei. Ich dachte: „Kannst du dir das überhaupt leisten, hier vor dich hinzuträumen? Du musst noch einige

Texte schreiben! Was, wenn du den Abgabetermin nicht einhalten kannst?“ Mein Herzschlag beschleunigte sich.

Nicht das erste Mal, dass ich so etwas erlebte. Deshalb wusste ich gleich, dass ich etwas dagegensetzen musste, wenn ich meinen Café-Aufenthalt noch genießen wollte. Ich zog die „Sorgen-Bremse“: Tief einatmen, ausatmen und einen Satz aus der Bibel: „Alle eure Sorge werft auf ihn; denn er sorgt für euch.“ So ist es! Und gut!

Das Gedankenkarussell stoppte, ich wurde ruhig, konnte wieder dankbar sein für die kleine Auszeit mit Ostfriesentee.

*Nimm dir heute eine kleine Auszeit vom Alltag. Nur ein paar Minuten für dich, und überlege, wofür du jetzt gerade dankbar sein kannst! Erinnere dich an kleine Auszeiten vom Alltag. In welchen Momenten bist du besonders dankbar gewesen?*

SORG-LOS

# 23 Allererster Advent

„Hab keine Angst!“,
versichert der Engel Maria,
„für Gott ist nichts unmöglich.“

„Ja“, sagt Maria.
Vertraut,
lobt Gott,
erkennt,
Gottes Erbarmen.
Nicht nur für sich.
Für alle Menschen.

Allererster Advent.
Maria wartet
auf die Geburt.

Allererstes Weihnachten:
hilfloses Baby
im Stall,
Jesus,
Marias Sohn,
Gottes Sohn,
Retter der Welt.

Advent heute:
Vorbereiten,
innerlich,
Gottes Erbarmen
für alle Menschen.
Für mich.

Weihnachten heute:
Jesus.
Der Retter.
Mein Retter.
Lebensbringer.
Mutmacher.
Seelentröster.
Schuldabnehmer.
Angstvertreiber.

Gott sei Dank dafür!

*Wenn du an Jesus denkst, wofür bist du (ihm) dankbar?*

Angstvertreiber

# 24 Rettungsaktion

*O Adventsbaum* – diese Überschrift sticht mir auf der Nachrichtenseite der ZDF-Homepage ins Auge. In dem Artikel wird unter anderem ein Umfrageergebnis vorgestellt, nach dem im Jahr 2022 mehr als die Hälfte der Befragten ihren Weihnachtsbaum schon Anfang bis Mitte Dezember im Wohnzimmer platziert hätten.

Weihnachtsbaum im Advent. Ich weiß, dass das für manche gar nicht geht. Der Baum gehört erst kurz vor dem oder direkt am Heiligen Abend in die gute Stube.

So eng sehe ich das nicht. Letztes Jahr haben wir unsere Tanne auch schon in der Woche vor dem vierten Advent aufgestellt und geschmückt.

Für mich steht fest: Wann der Weihnachtsbaum ins Wohnzimmer kommt, ist Geschmackssache und hat etwas mit Tradition zu tun. Weder der Baum noch der Zeitpunkt, wann er aufgestellt wird, ist die Hauptsache am Weihnachtsfest.

Was vor mehr als 2000 Jahren in Bethlehem passiert ist, war die größte Rettungsaktion aller Zeiten, mit Jesus, Gottes Sohn, in der Hauptrolle.

Keine Heldenfigur, sondern ein Baby in einer Futterkrippe, in einem Stall irgendwo auf den Feldern von Bethlehem. Wenigstens himmlische

Chöre und Engel waren zwischendurch mal da. Aber sonst, alles sehr bescheiden.

Propheten, die viele hundert Jahre vorher gelebt hatten, hatten ihn als Friedefürst und Heiland bezeichnet. Der Engel auf dem Feld sagte zu den Hirten, dass ihnen der Retter geboren worden sei.

Davon war in dem Moment noch nicht viel zu sehen. Die Menschen damals konnten nur auf die prophetischen Worte vertrauen, glauben oder auch nicht.

Gott sei Dank, dass ich in der Bibel nachlesen kann, dass durch Karfreitag, Ostern und Himmelfahrt alles bestätigt wurde. Jesus war nicht nur ein guter Mensch, der weise Worte von sich gegeben hat, er ist Gottes Sohn.

Im Stall von Bethlehem fing alles an. Das ist das größte Weihnachtsgeschenk aller Zeiten! Gott schenkt sich selbst. Aus Liebe!

Das will ich feiern – und dafür brauche ich noch nicht mal einen Weihnachtsbaum!
In diesem Sinne: Fröhliche Weihnachten!

*Weihnachten! Wofür bist du dankbar?*

*Lies oder höre die Weihnachtgeschichte aus dem Lukas-Evangelium, Kapitel 2, so, als ob du sie noch nie gehört hättest. Was fällt dir auf? Wofür bist du dankbar?*

GERETTET

# Vielen Dank

Danke, dass du mit mir eine Expedition ins Alltagsglück gewagt hast.

Vielleicht hast du dich in den vergangenen Tagen an die „Brille der Dankbarkeit“ gewöhnt? Wunderbar! Das ist der erste Schritt für eine dankbare Lebenshaltung, die nicht nur dir guttut, sondern auch auf dein Umfeld abfärben wird!

Das fliegt dir nicht zu, es ist immer wieder echte Denk-Arbeit, in allen Lebenslagen dankbar zu sein. Denn unsere Prägung geht eher Richtung motzen und muffeln. Deshalb empfehle ich dir: Trainiere deinen „Dankbarkeits-Muskel“.

Schreibe jeden Abend drei Dinge auf, für die du im Laufe des Tages dankbar warst. Das kannst du in einem Heft, einem Tagebuch oder auch auf einem Zettel notieren.

Das hat mehrere Vorteile: Wenn du etwas aufschreibst, merkst du es dir besser und du kannst den Dankbarkeitsmoment besser wieder abrufen. Außerdem ist das Notierte dein „Gott-sei-Dank“-Vorrat für Tage, die nicht so überschäumen vor Glück und Zufriedenheit.

Außerdem entdecke ich immer mehr die bedingungslose Dankbarkeit, die nichts mit schönen Erlebnissen oder erfolgreich genommenen Hürden zu tun hat. Sie hat ihren Grund darin, dass ich, was auch passiert, wertvoll und geliebt bin von Gott, dem Vater von Jesus, und noch mehr: Gott ist da! Für immer und ewig.

Deshalb habe ich in jeder Lebenslage einen Grund zum Gott-sei-Dank sagen!

Mit herzlichen Grüßen
deine Sabine

*PS: Welche neuen, überraschenden, witzigen, bahnbrechenden Gründe zum Dankbarsein hast du in den letzten 24 Tagen gefunden?*

*Schreib es hier ins Buch oder/und mir in einer Mail an kontakt@sabine-langenbach.de.*

# Über die Autorin

„In einer Zeit, in der Motzen und Muffeln an der Tagesordnung sind, tut es gut, den Blick auf das zu richten, wofür ich ‚Gott sei Dank!' sagen kann", sagt Sabine Langenbach. Dankbarkeit ist für sie der Schlüssel zum Glück. Sie ist die Dankbarkeitsbotschafterin.

Sie muss es wissen. Ihr Lebenslauf ist nicht linear, sondern gekennzeichnet von den täglichen Herausforderungen, denen sie sich immer wieder stellt.

Geboren 1967 in Offenbach/Main, wächst Sabine Langenbach in Berlin-Steglitz auf – ihre „Herzensheimat", wie sie betont. Ein beruflicher Wechsel des Vaters führt die Familie nach Dortmund. Hier geht sie zur Konfirmation, engagiert sich im CVJM. Die Schule „schmeißt" sie nach dem zehnten Schuljahr. Statt Abitur eine Ausbildung als Einzelhandelskauffrau.

„Der Job hat mir Spaß gemacht", sagt sie heute. „Aber da kann noch mehr sein." Das „Mehr" ist eine Initiativbewerbung beim Evangeliums-Rundfunk (ERF), heute ERF-Medien, in Wetzlar. Sabine Langenbach landet in der Telefonzentrale – ihre „nette Stimme" überzeugt. Die Folge: ein Volontariat in Hörfunk und Fernsehen. „Moderieren, interviewen, recherchieren, schreiben – das ist genau mein Ding", sagt sie.

1990 lernt sie Frank kennen. 1992 folgen Hochzeit und der Umzug zu ihm nach Altena ins Sauerland. Vier Jahre später kommt mit Niklas das erste Kind zur Welt. Sabine Langenbach vereint Beruf und Familie. Von 1993 an moderiert sie fast ein Vierteljahrhundert das kirchliche Sonntagsmagazin „Radio MK kreuz und quer".

1998 das zweite Kind: Die Tochter kommt mehrfach behindert und blind auf die Welt. „Diese besondere Lebenssituation hat meinem Leben Tiefgang gegeben", sagt die Mutter. Sie nimmt diese Herausforderung des Lebens an. „Jeder ist wertvoll, geliebt und gewollt von Gott, dem Schöpfer der ganzen Welt – keine Behinderung, kein Handicap oder sonst etwas kann daran etwas ändern", betont sie.

Überzeugung. Und gleichzeitig eine Berufung. „Ohne unsere Birte würde ich heute keine Vorträge halten", erklärt Sabine Langenbach. „Was hätte ich zu erzählen, wenn mein Leben einfach weiter vor sich hingeplätschert wäre?" Eine Mission – wobei sie nicht platt missionieren will, aber gern von dem erzählt, was ihr im Leben Halt gibt.

Sabine Langenbach moderiert von 2006 bis 2013 die TV-Talkshow „Hof mit Himmel". Sie hält Vorträge, arbeitet als Ghostwriterin für den Blog eines mittelständischen Gerüstbauers. Sie schreibt Bücher über Glück, Mut, Advent und Weihnachten und die Dankbarkeit. Im Frühjahr 2020 hebt sie ihren YouTube-Kanal „Die Dankbarkeitsbotschafterin“ aus der Taufe. Jeden Montag ermutigt sie dazu, die „Brille der Dankbarkeit“ immer griffbereit zu haben. Beruflich und privat gilt für sie: „Dankbarkeit ist eine Entscheidung, nicht nur ein romantisches Gefühl.“

*Uwe von Schirp, Journalist*

# Nachweise

3. Dezember: Die Bibel, Johannes 8,12 (Gute Nachricht)
7. Dezember: Die Bibel, Psalm 73,28 (Gute Nachricht)
8. Dezember: Die Bibel, Römer 3,24 (Hoffnung für alle)
9. Dezember: Die Bibel, 1. Thessalonicher-Brief 5,16–18 (Luther 2017)
12. Dezember: Die Bibel, Psalm 139,14 (Hoffnung für alle)
13. Dezember: Die Bibel, Jesaja 30,15 (Luther 2017)
15. Dezember: Die Bibel, Psalm 37,24 (Hoffnung für alle)
16. Dezember: Die Bibel, 1. Johannes-Brief 1,9 (Gute Nachricht)
18. Dezember: Die Bibel, 1. Mose 16,13 (Luther 2017)
19. Dezember: Die Bibel, Lukas 1,46ff (Hoffnung für alle)
20. Dezember: Die Bibel, 1. Korinther-Brief 13, Matthäus 28,20 (Gute Nachricht)
21. Dezember, Streichholzbriefchen: C. Bohnacker, Stiftung Marburger Medien
22. Dezember: Die Bibel, 1. Petrus 5,7 (Luther 2017)

# Weitere Adventsbegleiter aus dem Neufeld Verlag

Sabine Langenbach
***24 x Hinhören im Advent***
ISBN 978-3-86256-170-4, 2. Auflage 2021

Sabine Langenbach
***24 Begegnungen zum Staunen im Advent***
ISBN 978-3-86256-073-8, 3. Auflage 2018

Susanne Tobies
***24 Augenblicke im Advent***
ISBN 978-3-86256-160-5, 2020

Claudia Stangl
***24 Sternstunden für Himmelssucher***
ISBN 978-3-86256-095-0, 2018

Sabine Zinkernagel
***24 Rast-Plätzchen auf dem Weg zur Krippe***
ISBN 978-3-86256-063-9, 2015